ABC
de Animales

Abecedario de
Primaria

Dr. María de los Ángeles Rivas Viamonte

Catalogación

Título: ABC de Animales.
Abecedario de Primaria
Autor: Dr. María de los Ángeles Rivas Viamonte
Categorías:
Educación, Referencias, Listas de Palabras,
Aptitudes de escritura.

.

Dimensiones:
8,5 p x 11 pulgadas
Librería Virtual: Amazon
Paginación: 108

Dedicatoria

Miranda Isabella

Emma, Abdiel

Sobrinos

Aniuska...

Índice

Abecedario de Animales

A a

Abeja _____

Ardilla _____

Alce _____

Armadillo _____

Antilope _____

B   b

 Ballena
Jorobada   _____

                          _____

 Bachaco   _____

 Burro   _____

 Beluga   _____

C c CH ch

 Camello

_____

 Cabra

_____

 Cochino

_____

 Coyote

_____

Chicharra

_____

C c

 Caracol

_____

 Conejo

_____

 Colibrí

_____

 Caballo

_____

Camello

_____

D d

Danta    _____

Dragón _____

Delfín _____

Dugongo _____

Dálmata _____

Dodo _____

5

E e

 Elefante _____

 Egotelo _____

 Emú _____

 Eland _____

 Estornino _____

F   f

Frailecillo ————

Faisán   ————

Ferretet ————

Flamenco ————

Foca   ————

7

G g

Gato  _____

Gallina  _____

Gallo _____

Gato Margay _____

Grulla _____

H h

Hámster
_____

Hipopótamo

_____

Hormiga
_____

Hiena
_____

I i

Iguana
_____

Impala
_____

Irara
_____

Irbis
_____

J j

 Jabalí

 Jicotea

 Jineta

 Jochi

 Jirafa

K k

 Kakapo

_____

 Kudu

_____

 Kowari

_____

 Kiwi

_____

 Kea

_____

L l   LL ll

Loro _____

León _____

Llama

_____

Lobo _____

Lagartija_____

M m

Mariquita _____

Mono _____

Momoto _____

Mamut _____

Mofeta _____

Macaco _____

N n

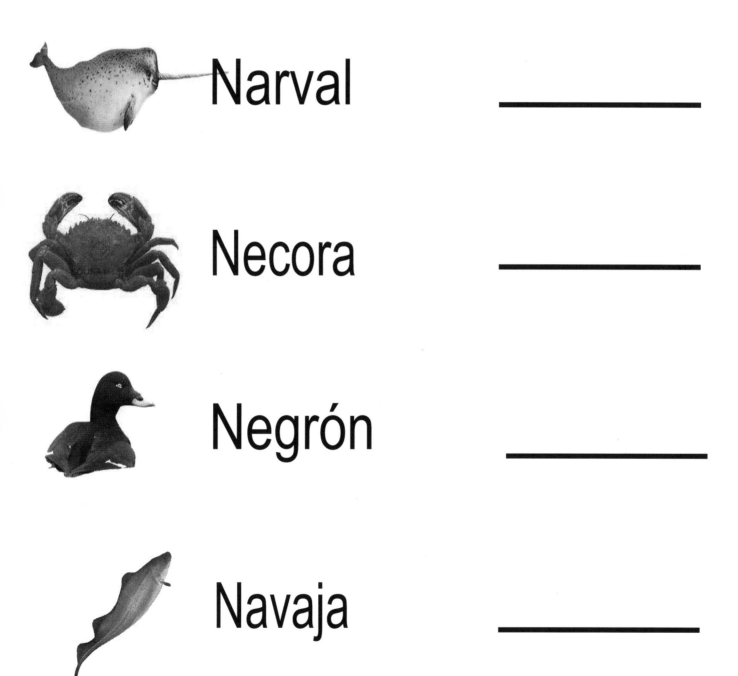

Narval _____

Necora _____

Negrón _____

Navaja _____

Ñ ñ

Ñandú
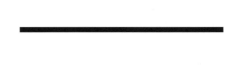

Ñacunda

Ñacurutú
_____

Ñeque
_____

16

O o

Oca _____

Oso Pardo _____

Oso Negro _____

Oso Polar _____

Ostras _____

P p

Pájaro

_____

Perro

_____

Pangoline

_____

Panda

_____

Pinguino

_____

18

Q q

QuebrantaHuesos

_____

Quelea

Quokka

_____

Quol

_____

Quiscalus

_____

19

R r

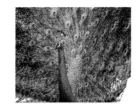 Pavo Real

_____

 Rinoceronte

_____

 Robin   _____

 Rupicapra

_____

 Ratón   _____

Rape   _____

S s

 Sapo

_____

 Sábalo

_____

 Salamandra

_____

 Salmón

_____

Sepia

_____

T t

Toro
_____

Tigre
_____

Tarántula
_____

Termita
_____

Tucán
_____

22

U u

Unau

Unicornio

Urina

Urogallo

Urson

Urubú

V v

Vaca _____

Vombatidae _____

Visión Europea

_____

Visión Americana

_____

Viuda Negra _____

W w

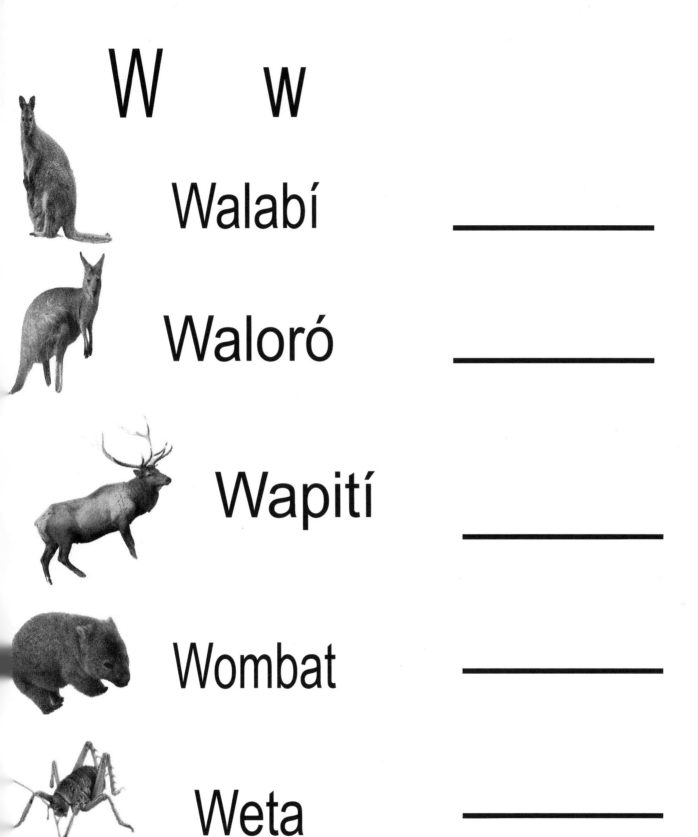

Walabí _____

Waloró _____

Wapití _____

Wombat _____

Weta _____

X x

Xarda _____

Xenopus _____

Xiphias _____

Xifóforo _____

26

Y y

Caimán Yakaré

Serpiente Yarará

Taguareté

Yak

Yegua

Z z

Obeja Zángano

Zancudo

Zarapito

Zorrillo

Zorro

Zebra

TAREAS

Escribe y responde las siguientes interrogantes y palabras.
Comprende el significado de las palabras.

MIS DATOS

NOMBRE:

_____

APELLIDO:

_____

EDAD:

_____

DIRECCIÓN:

_____

La _____

Le _____

El _____

Un _____

Una _____

Uno _____

Este _____

Esto _____

Eso _____

Esa _____

Es _____

Se _____

Si _____

Sí _____

No _____

También _____

Tampoco _____

Aunque _____

Por   _____

Porque   _____

Por qué   _____

Para   _____

Para qué   _____

Por eso   _____

En   _____

Hacia   _____

Sobre   _____

Abajo   _____

Lado   _____

Paralelo   _____

Emociones _____

Feliz _____

Enojado _____

Bravo _____

Indiferente _____

Amoroso _____

Personalidad _____

Inteligente _____

Distraido _____

Olvidado _____

Activo _____

Pasivo _____

Pensamiento

_____

Realidad

_____

Pesadillas

_____

Sueños

_____

Aspiración

_____

Ficción

_____

Singular _____

Plural _____

Uno _____

Unos _____

Varios _____

Entre _____

Buenos días

Buenas Tardes

Buenas Noches

Madrugada

Medio Día

Alba _____

Saludo _____

Hola _____

Bien _____

Cómo estas

Felicidades

Fútbol _____

Beisbol _____

Patín _____

Natación _____

Ciclismo _____

Deportista _____

País _____

Ciudad _____

Nacionalidad
_____

Estado

_____

Parroquia
_____

Computadora

_____

Mesa

_____

Televisor

_____

Celular

_____

Tablet

_____

Yo   _____

Ella   _____

Él   _____

Usted   _____

Ustedes   _____

Nosotros   _____

Ellos   _____

45

Sílabas

Escribe y pronuncia las siguientes sílabas.
Combina las sílabas y construye palabras.

a _____

e _____

i _____

o _____

u _____

Ba _____

Be _____

Bi _____

Bo _____

Bu _____

BeBe _____

48

Ca _____

Ce _____

Ci _____

Co _____

Cu _____

Caca _____

Da _____

De _____

Di _____

Do _____

Du _____

Dedo _____

Fa _____

Fe _____

Fi _____

Fo _____

Fu _____

Fofo _____

Ga _____

Ge _____

Gi _____

Go _____

Gu _____

Gago _____

Ha _____

He _____

Hi _____

Ho _____

Hu _____

Haha _____

Ja _____

Je _____

Ji _____

Jo _____

Ju _____

Jaja _____

Ka _____

Ke _____

Ki _____

Ko _____

Ku _____

KuKu _____

La

Le

Li

Lo

Lu

Lulu

LLa _____

LLe _____

LLi _____

LLo _____

LLu _____

LLulla _____

Ma _____

Me _____

Mi _____

Mo _____

Mu _____

Mama _____

Na   _____

Ne   _____

Ni   _____

No   _____

Nu   _____

Nene   _____

Ña _____

Ñe _____

Ñi _____

Ño _____

Ñu _____

Ñoño _____

Pa —————————

Pe —————————

Pi —————————

Po —————————

Pu —————————

Papa —————————

Qua ———————————

Que ———————————

Qui ———————————

Quo ———————————

Quu ———————————

QuuQuu ———————————

Ra _____

Re _____

Ri _____

Ro _____

Ru _____

Raro _____

Sa _____

Se _____

Si _____

So _____

Su _____

Susi _____

Ta _____

Te _____

Ti _____

To _____

Tu _____

Tito _____

Va _____

Ve _____

Vi _____

Vo _____

Vu _____

Vive _____

Wa _____

We _____

Wi _____

Wo _____

Wu _____

Wiwi _____

Xa _____

Xe _____

Xi _____

Xo _____

Xu _____

Xaxu _____

Ya _____

Ye _____

Yi _____

Yo _____

Yu _____

Yayi _____

Za _____

Ze _____

Zi _____

Zo _____

Zu _____

Zuza _____

Números

Memoriza los siguientes números.

1-2-3-4-5-6-7-8-9

10-1-12-13-14-15-16

17-18-19

20-21-22-23-24-25-26

27-28-29-

30-31-32-33-34-35-36

37-38-39

40-41-42-43-44-45-46

47-48-49

50-51-52-53-54-55-56

57-58-59

60-61-62-63-64-65-66

67-68-69

70-71-72-73-74-75-76

77-78-79-

80-81-82-83-84-85-

86-87-88-89

90-91-92-93-94-95

96-97-98-99

100

Suma

Realiza las siguientes operaciones de Suma

1+2 =

2+3=

3+4=

4+5=

6+7=

7+8=

9+9=

10+11=

12+13=

14+15=

16+17=

18+19=

20+21=

22+23=

24+25=

26+27=

28+29=

30+31=

32+33=

34+35=

36+37=

38+39=

40+41=

42+43=

44+45=

46+47=

48+49=

50+51=

52+53=

54+55=

56+56=

57+58=

59+60=

61+62=

63+64=

65+66=

67+68=

69+70=

71+72=

73+74=

75+76=

77+78=

79+80=

81+82=

83+84=

85+86=

87+88=

89+90=

91+92=

93+94=

95+96=

97+98=

99+100=

101+102=

103+104=

Resta

Realiza las siguientes operaciones de resta.

$2-1=$

$3-3=$

$4-2=$

$5-3=$

$6-1=$

7-10=

12-5=

17-2=

15-13=

16-10=

21-10=

35-15=

47-20=

58-23=

67-17=

70-54=

85-42=

99-74=

100-87=

114-105=

102-45=

17-07=

82-57=

30-25=

58-25=

32-32=

47-05=

85-84=

98-95=

77-74=

25-05=

35-41=

74-70=

88-08=

99-25=

8-4=

5-5=

3-1=

85-52=

87-87=

52-36=

66-56=

64-63=

91-32=

37-26=

30-30=

19-12=

27-23=

44-24=

46-45=

Sobre el Autor

María de los Ángeles Rivas Viamonte Dr. Ciencias Gerenciales,

Master en Gerencia,

Especialista en Finanzas. Estudios de Derecho y Producción Audiovisual.

Se inició como escritora a los 17 años, realizando artículos de opinión y de

investigación científica. Los libros publicados por Amazon son:

Supera Tus Miedos, Método Inteligibilidad Recircular, Ser Líder Exitoso,

Liz en el Parque Exótico, Huellas, entre otros.

Email:
Editorialmarr@
gmail.com

Facebook
Editorilmar.com

Twitter

Página de
Autor Amazon

 Canal YouTube
María de los
Ángeles Rivas
Viamonte

 Instagram
editorial.mar

 Mí Wassap

 Editorialmar.com